16 avril 87

CATALOGUE

D'ESTAMPES ET DESSINS,

DE DIFFÉRENS MAITRES,

ENCADRÉS ET EN FEUILLES;

D'UN très-bel Optique, Télescope, Lunette de mer, Planche gravée, représentant Mademoiselle Clairon en Médée, &c.

DONT la Vente en sera faite le 16 Avril & jours suivans de relevée, à l'hôtel de Bullion rue rue Plâtriere, où on pourra voir les Objets le matin du premier jour de la vente.

On commencera par les Estampes & ensuite les Dessins.

Ce Catalogue se distribue à PARIS,

Chez { Me BOILEAU, Huissier-Priseur, rue du Bacq. N° 262.
Et le sieur BASAN, rue & hôtel Serpente.

1787.

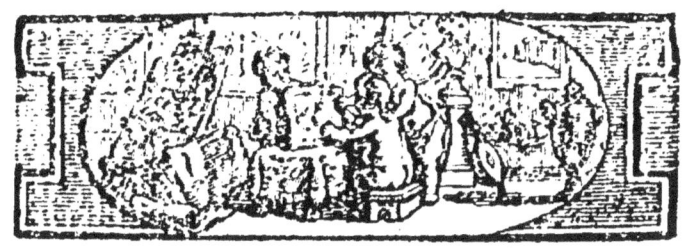

CATALOGUE

D'ESTAMPES ET DESSINS,

DE DIFFÉRENS MAITRES,

ENCADRÉS ET EN FEUILLES, &c. &c.

N.ᵒˢ 1. UN très-bel Optique avec trois grands verres, fait avec le plus grand foin & dépenfe ; il eft compofé d'une grande quantité d'avant-Scènes, de Chaffis, de beaucoup de Vues à jour, formant des illuminations qui font le plus grand effet, éclairées avec des bougies. Quantité d'autres Vues qui peuvent fe voir au jour ; le tout bien conditionné & enfermé dans une boîte de quatre pieds & demie de haut, très-propre.

2 Un très beau Téléfcope en cuivre, fait par

Paſſement, de 28 pouces de longueur, très-bien conſervé dans ſa boîte en bois de noyer.

3 Une Lunette de mer, pour la nuit, faite à Londres, de deux pieds de long, dont le corps eſt en chagrin & les extrémités en cuivre, dans ſa boîte de bois de noyer.

4 Une très grande Lunette d'approche à pluſieurs corps.

5 La Planche gravée par M. Beauvarlet, d'après C. Vanloo, repréſentant Mademoiſelle Clairon dans la Tragédie de Médée & Jaſon. Le mérite connu des Artiſtes qui en ſont les auteurs, nous diſpenſent d'en faire ici l'éloge; elle ſera vendue avec cent épreuves très-bien imprimées, dans l'état où eſt maintenant cette planche qui n'eſt point du tout uſée.

ESTAMPES ENCADRÉES.

6 Le Paralitique & l'Accordée, d'après M. Greuze, épreuves avant la lettre & ſuperbes.

7 Télémaque dans l'iſle de Calipſo, par Beauvarlet.

8 Agar de Porporati, avant la lettre.

9 La Bonne Mere & le Serment d'amour, par Delaunay & Mathieu.

10 Deux Aſſemblée au Salon & pendant, par

Dequevauviller, épreuves avant la lettre, d'après Lavreince.

11 Le malheur Imprévu, d'après Greuze, par Delaunay le jeune, & la Savoneuse, par Danzel.

12 Quatre. L'Esclave heureux, L'Amour à l'Espagnol & pendans, par Mathieu, Pruneau, &c.

13 Quatre. Fuite à dessein, Invocation à L'Amour & pendans, par Couché & Guttenberg.

14 Deux. Ruines colorées, d'après Robert, par Janinet.

15 L'Apothéose d'Isis, par le Clerc, premiere épreuve avant la lettre & avec les danseurs.

16 Deux. Miss Belinda & pendant en maniere noire

17 Plusieurs autres Estampes françoises & angloises, qui seront divisées.

18 L'Attente du Plaisir & la Gimblette, épreuves avant la lettre, par Lempereur & Legrand.

ESTAMPES EN FEUILLES.

19 La grande Gallerie de Versailles, avec l'explication, composée de cinquante deux Sujets des Conquêtes de Louis XIV, gravés par les plus célebres Artistes, d'après le Brun.

20 Les seize grands Ports de Mer de France, d'après Vernet, par Cochin & le Bas,

des premieres épreuves de soufcription.
21 Les deux Ports de Bordeaux féparément, auffi en belles épreuves.
22 Les cinq grandes Pieces d'après Watteau, la Mariée, l'Ifle de Cythere, l'Enfeigne de Gerfaint, &c. des premieres épreuves.
23 Le grand Calvaire, d'après Mignard, par G. Audran.
24 Les grandes Batailles d'Alexandre en cinq piéces, gravées en Hollande.
25 La Magdeleine de le Brun, par Edelinck, épreuve avant la lettre & la bordure.
26 Onze morceaux de la Gallerie de Drefde, dont plufieurs fujets de Vierges, d'après le Carrache & autres; le Génie de la Gloire, par Jardinier, &c.
27 La Belle-Mere, d'après Greuze, avant la lettre.
28 Le Fils Puni & la Malédiction Paternelle du même, toutes deux avant la lettre.
29 La Dame Bienfaifante & le Gâteau des Rois, du même, premieres épreuves avant la lettre.
30 Trois Pieces, la Grande Fête de Village par Feffard, d'après Rubens, épreuve avant la lettre; le Port de Saint Peterfbourg, par le Bas; auffi avant le lettre, & une Halte d'Officiers par le même.
31 La Grande Chaffe aux Cerfs, par Aliamet, d'après Berghem, & le Retour à la Ferme, d'après le même, par le Bas, très-belles épreuves.

32 Dix-sept grandes Pieces diverses, Fêtes, Mausolés, &c. par Cochin, &c.

33 Sept d'après le Correge, dont la Vierge de Spierre, Danaé, &c.

34 Dix d'après Rubens, dont le Grand Portement de Croix de P. Pontius; plusieurs sujets à l'eau-forte, &c.

35 La suite des Saints de Baviere, par Sadeler, des premieres épreuves en cent quarante pieces.

36 Cent soixante-dix-neuf Sujets divers, des premieres épreuves, par B. Picart, qui entrent dans les volumes des Cérémonies Religieuses.

37 Les seize Batailles de la Chine gravées par Helman.

38 Les douze Comtes & Comtesses d'après V. Dyck, par Lombart, des premieres épreuves.

39 Les trois Cahiers des Vues de Monceaux, d'après les dessins de Carmontel.

40 La Vierge de Raphaël, par Poilly, avant la double taille sur le linge; la Vision d'Ezéchiel, & Moyse par Edelinck.

41 Quatre Pieces de la Gallerie du Luxembourg, très-belles épreuves, dont le Couronnement de la Reine, &c.

42 Le Massacre des deux freres de Wit, grands Pensionnaires de la Hollande, par R. de Hooge, en cinq pieces, avec les Relations de ce tumulte affreux, rares.

43 Les Musiciens ambulans, par Wille,

premiere épreuve avec la faute au mot électoral.

44 Les Offres Réciproques, par le même, épreuve avant la lettre.

45 Deux; le Marché aux herbes d'Amsterdam & la Chasse Royale, épreuves avant la lettre, par le Bas.

46 Quatre; le Marchand de Lunettes & pendant; la Bergere des Alpes & pendant, par Helman, le Veau, &c.

47 Quarante-un petits Sujets & Paysages cartonnés sur trois feuilles, par le Clerc & Cochin, pour l'Histoire de France du Président Hénault, &c.

48 Trente-six Estampes angloises & françoises, par Vangelisti, Delaunay, Smith & autres, dont on fera plusieurs lots.

49 Trente-cinq, des moyens Paysages d'après Rubens, par Bolswert, dont quelques-uns se trouvent doubles.

50 Trois Pieces par Tanjé, de la gallerie de Dresde, dont Tarquin & Lucrece; la Victoire Couronnée, &c.

51 Les Pélerins d'Émaüs, par Masson, d'après le Titien, belle épreuve.

52 Cinq Sujets divers, dont Vertumne & Pomone, par Saenredam, &c.

53 Deux Pieces du cabinet du Roi, par Baudet, le Concert, & le Denier de César.

54 Apollon & les Muses sur le Parnasse, d'après C. Maratte, gravé par Facius;

& de plus, le Ballon enlevé dans le Pan-
théon de Londres, en 1784.

55 Trois Sujets divers, dont N. S. avec les
Docteurs dans le temple d'après Rembrandt,
par Heff.

56 Les trois Femmes de Rubens, sous le
nom des Graces, gravées à Londres par
Michel, & une Bachanale d'après le même
Rubens, en maniere noire, par Earlom.

57 Trois Pieces gravées à Londres, dont
Moyse retiré des eaux, par Baldrey, d'après
S. Rose, &c.

58 Deux, par Smith, en maniere noire; la
Sainte Famille, d'après C. Maratte, &
Diane au bain.

59 L'Œuvre de Troost, Peintre hollandois,
moderne, représentant diverses Scènes de
Comédies, Corps-de-garde, &c. en trente-
deux pieces, gravées par Houbraken,
Tanjé, &c.

60 Trois Pieces modernes, par le Vasseur,
Vangelisti, dont l'Amour empressé, d'après
M. Vien, &c.

61 Deux grandes Pieces, par Aquila, d'après
P. de Cortonne; l'Enlevement des Sabines,
& la Bataille d'Alexandre.

62 Samson & Dalila, d'après Van Dyck,
par Snyers.

63 Trois petites Pieces, par Bartolozzi, dont
la famille Pembrocke, avant la lettre, &c.

64 Sept grands Paysages & Sujets divers,
par Vander Meulen, &c.

65 Quatre, d'après le Brun, Pouffin, &c. dont le Maffacre des Innocens, Saint Laurent, &c.
66 Soixante-fept petits Sujets divers, par Th. de Bry, Callot & autres, dont plufieurs en clair obfcur.
67 Six Pieces en maniere noire, par Smith, dont la Sainte Famille, d'après C. Maratte, très belle épreuve, &c.
68 Trois autres par le même, Vénus à la coquille, d'après le Correge, l'Amour & Pfiché, Tarquin & Lucrece, anciennes épreuves.
69 Six groffes Têtes de femmes, auffi en maniere noire, gravées par Frey.
70 La Famille d'après Rubens, par Mac Ardell, en maniere noire.
71 Trois Sujets, auffi en maniere noire; Garrick entre la tragédie & la comédie; le Moulin à bled, &c.
72 Quatre Portraits de femmes, en pieds, par Mac Ardell & Houfton, auffi en maniere noire.
73 Seize jolies Buftes & Têtes de femmes angloifes, par les mêmes.
74 Quatre Sujets divers, dont Adam & Eve, de Coypel; le Martyre de Saint-André, d'après le Brun, &c.
75 Trente-quatre autres, dont plufieurs d'après le Pouffin, Bourdon, le Clerc, &c. qui feront divifés.
76 Les quatre Dames de France, repréfen-

tant les Élémens, d'après Nattier, par Balechou, Tardieu, &c. épreuves avant la lettre.

77 Quatre Sujets d'après Greuze, par Martinasie & Beauvarlet, dont la Lecture de la Bible, &c.

78 Deux; la Sultane & pendant, par Beauvarlet, d'après Vanloo, belles épreuves.

79 Deux; les Couseuses & la Marchande d'Amours, par le même. *Idem.*

80 Quatre Sujets divers, par Balechou & Beauvarlet, dont le bain de Diane avant la lettre; la Force & pendant, &c.

81 Quatre; Heures du jour, d'après Berghem, par le Bas.

82 Sept Sujets divers d'après Vanloo, Greuze, &c. dont la Péche au Crocodille; Angelique & Médor, & pendant, avant la lettre, &c.

83 Quatre Pieces, par Beauvarlet, Helman, &c. Enfans de Turenne & pendant, d'après Drouais; le Médecin clairvoyant & pen-, d'après le Prince.

84 Six charmans Paysages, par Aliamet; d'après Vernet, avant la lettre; Heures du jour & Vues du levant.

85 Cinq autres Paysages d'après Diétricy & Vernet, avant la lettre, par le Veau, Daullé, &c. Vues de Bayonne, &c.

86 Douze Sujets divers, d'après Greuze, &c. dont la Pleureuse, &c.

87 Vingt quatre petits Sujets & Paysages divers, par le Bas, Godefroy, Helman, &c.

d'après Rembrandt, Ruyſdael, &c. des premieres épreuves.

88 Cinq Pieces, dont Alexandre vainqueur de ſoi-même, par Muller; Honni Soit qui mal y penſe, &c.

89 Cinq, d'après Greuze, Lagrenée, &c. dont la Vertu Chancelante, Pigmalion, &c.

90 Onze Sujets divers, dont les Arts d'après Vanloo; le Philoſophe Marié & pendant, &c.

91 Quatre Pieces; Madame de Bellegarde aux pieds de la Reine; le Couronnement de Voltaire, &c.

92 Trente-trois Sujets divers, par Delaunay & autres, d'après Lavreince, &c.

93 Trente-quatre Pieces, dont le Débauché, d'après Hogarth, &c.

94 Cinq Sujets Ruſſes, par Gaillard, d'après le Prince, avant la lettre; Concert, &c.

95 Onze autres Pieces auſſi avant la lettre, par le même, d'après Boucher, Eiſen &c. Silvie délivrée, &c.

96 Pluſieurs Lots d'Eſtampes, de différens Maîtres, qui feront diviſées.

97 Trente-deux Sujets & Payſages à l'eau-forte, par M. de Boiſſieu, amateur, d'après K. Dujardin, Ruyſdael, &c.

98 L'Enlevement des Sabines, gravé par Madame Lingée, d'après M. Cochin, dans la maniere du Crayon, premiere épreuve avant la lettre.

99 M. Boſſuet en pieds, par Drevet, d'après

Rigaud, belle épreuve.
100 Le Maréchal de Villars, par les mêmes; très-belle épreuve.
101 Huit Portraits divers, dont le Prince de Conti, Bouchardon, &c.
102 Dix Portraits de Prélats, d'après Rigaud & autres, dont les Cardinaux de Fleury, de Noailles, de Polignac, &c. par Drevet & autres.
103 Trente autres Portraits de Guerriers, Artistes, &c. dont Félibien, par Drevet, &c.
104 Quarante sept autres, la plupart par Édelinck, de la suite des Hommes Illustres de Perrault, dont Descartes, &c.
105 Cent trente-cinq petits Portraits divers, Prélats, Guerriers, Ministres anciens, Artistes, &c. par différens Graveurs.
106 Huit par Masson, dont Marin avec différence, Brisacier, la Duchesse de Guise, Patin, &c.
107 Trente-sept petits Portraits, par Drevet, Fiquet, Savart & autres, dont Madame d'Orléans, Dusay, le Tasse, Ronsard, &c.
108 Une suite de quarante-cinq Sujets & Portraits in-4°., qui entrent dans les Œuvres de Voltaire, gravés par différens Artistes, d'après Gravelot.
109 Les vingt-cinq Vignettes du premier

volume des Chanſons de la Borde, compoſées & gravées par Moreau le jeune.

110 Quinze Sujets & Marines diverſes, d'après Vernet, Schenau & autres, par Ouvrier, des premieres épreuves.

111 Diverſes petites Eſtampes, par la Belle & autres, qui feront diviſées.

112 Deux cents cinquante Pieces à l'eau-forte, par MM. Watelet & Saint-Non, d'après Rembrandt & autres, qui feront diviſées.

113 Plus de cinquante Catalogues de différentes ventes, avec les prix par Joullain & autres.

114 Un Porte feuille de différentes Eſtampes, qui feront diviſées.

115 Quarante-huit Vues de Palais & de Rome, par Montagu, petit in-folio oblong.

116 Les Jeux de l'Enfance, par Stella, en cinquante pieces in-4°. oblong.

117 La Vie de Saint-Auguſtin, en vingt-huit planches, par Bolſwert, in-f. oblong relié, & quelques autres vol. d'Architecture, &c.

DESSINS ENCADRÉS.

118 Jeſus-Chriſt à table avec ſes Diſciples, par Palme le jeune, deſſin au biſtre & à laplume, ſavamment exécuté.

119 Une belle Composition, par le Pomérance, au bistre, représentant Notre Seigneur, prêchant au bord de la mer sur un grand vaisseau.

120 Le Baptême de Notre Seigneur, à la plume & à l'encre de la Chine, très-spirituellement dessiné, par la Fage.

121 Une Sainte Famille, par le Sueur, sur papier gris & réhaussé de blanc.

122 Un petit Sujet de la Fable, à la plume & au bistre, par Boucher, du meilleur tems de ce célebre Artiste.

123 Un Grouppe de trois têtes de Chérubins, sur papier bleu, aux trois crayons, par le même.

124 Un Paysage très-pittoresque & montagneux, avec plusieurs solives qui soutiennent un chemin, à la pierre noire, par le même.

125 Une Sainte Famille accompagnée du petit Saint Jean, à la sanguine estompée, par la Grenée.

126 Un Grouppe de Soldats cuirassés, se reposant au pied d'un gros arbre, largement dessiné à la plume & au bistre, par de la Rue.

127 Un Paysage d'un grand effet, au bistre, par M. Fragonard. On y remarque un grand abreuvoir dans lequel l'eau tombe en nappe, & plusieurs gros animaux qui vont s'y abreuver.

128 Une Branche de Jacinthe, &c. sur

papier bleu & colorée, & un Payſage coloré, par Pérignon.

129 Un Marchand de Gâteaux entouré de pluſieurs enfans, dans le coſtume Ruſſe, à l'encre de la Chine, par le Prince.

130 Une Étude de deux petites têtes d'hommes, à la pierre noire, par Lépicié.

131 Deux Têtes d'hommes, à la pierre noire & ſanguine, par Dumoutier.

132 La Vue intérieure d'un Souterrain, dans lequel on voit l'attelier d'un Tonnelier, à la plume & au biſtre, par M. Robert.

133 Un Payſage très-pittoreſque avec différens animaux, au biſtre, par Carré.

134 Un autre Payſage pittoreſque, par Bloemaert, à la plume & au biſtre.

135 Un ſujet de Tabagie, compoſé de ſept figures d'hommes occupés à boire, à la plume & lavé d'encre de la Chine, par Adrien Van Oſtade.

136 Deux petites Prairies avec différens bétails, deſſinées en couleurs, par Janſon.

137 Une Campagne de Rome avec colonnes ruinées, Payſage & figures, au biſtre, par Breughels.

138 Deux jolis petits Payſages montagneux avec figures & animaux, au biſtre, par Mayer, de forme longuette.

139 Deux petits Payſages pittoreſques, à l'encre de la Chine, par Ermels.

140 Deux petites Vues d'Hollande, au biftre, par Tavenir.
141 Deux Payfages pittorefques, à la pierre noire, dans le goût de Pillement.
142 Une Tête de vieillard portant calotte bordée de poil, au biftre, largement deffinée par M. Wille le fils.
143 Un Vafe rempli de différentes fleurs; à la plume & au biftre, par Van Huyfum.
144 Une petite Écurie à jour, où l'on voit un cheval, par Diétricy, fur papier noir réhauffé de blanc.
145 Deux, Marine & Payfage, avec fabriques & figures, au biftre, par Rademacker.
146 Deux Payfages pittorefques, au biftre; par feu M. de la Tour d'Aigues, amateur.
147 Deux Vues intérieure & extérieure du Colifée détruit, deffinées en couleurs, par de Saint-Aubin, le Peintre.
148 Deux Payfages, par Ditch, avec Cavaliers & autres figures deffinées à la pierre noire.

DESSINS EN FEUILLES.

149 Quatre deffins Italiens, au biftre; par Périn del-Vague, Zuccaro & le Pomérance, dont le Triomphe d'Ariadne, &c.

B

150 Huit autres idem, dont un sujet de Plafond du Primatice, au bistre rehaussé de blanc; l'Adoration des Bergers, à la pierre noire; par P. de Cortonne.
151 L'Adoration des Rois, grande & belle composition, à la plume, par le Parmesan.
152 Cinq Sujets divers, à la plume & au bistre, par différens Maîtres Italiens.
153 Quatre autres idem, dont une Adoration des Bergers, par Fr. Flore, &c.
154 Cinq Paysages, à la plume, par le Bolognese, Citadini & autres.
155 Bacchus ivre & endormi, accompagné de Bacchantes, à la sanguine, par Lairesse.
156 Deux Sujets d'animaux divers, par H. Roos, à la sanguine, très-spirituellement dessinés.
157 Un Grouppe de deux Enfans jouant avec un bouc & un mouton dans un fond de Paysage, à l'encre de la Chine, par Vander Does.
158 Deux jolis Paysages au bord d'une riviere avec bâteaux, figures, &c. à la pierre noire, par Van Goyen.
159 Deux Foires & marches en pleine campagne, avec beaucoup de figures, par le même, aussi à la pierre noire.
160 La Nymphe Érigone, accompagnée de satyres, &c. dans un fond de Paysage, à la pierre noire, sur velin, par Mieris.
161 Les Vestiges d'un ancien Arc de Triom-

phe Romain, à l'encre de la Chine, par V. Romyn.

162 Un Troupeau de différens animaux se repofant auprès d'une chaumiere, & gardés par une Payfanne, defliné à la pierre noire très-fpirituellement, par le même.

163 Un charmant Deffin coloré, par Moucheron, repréfentant le Temple d'une Déeffe, devant laquelle on brûle des encens dans un fond de Payfage richement orné de diverfes figures analogues. Il porte 10 pouces fur 9 de haut.

164 Un Payfage coloré, par Linder, avec montagne où l'on voit un vieux château fortifié, & fur le devant un troupeau de moutons, &c.

165 Deux jolies petites Marines colorées, par Vitringa, ornées de diverfes figures de Matelots, &c.

166 L'entrée d'un bois montagneux avec charette fur le devant, à la plume & lavé à l'indigo, par Van Uden.

167 L'Étude de la principale figure de l'Eftampe de la Fricaffeufe, à la pierre noire, fur velin, par C. Vifcher.

168 Un grand Payfage montagneux avec torrent d'eau tombant en cafcades, à l'encre de la Chine, par le vieux Moucheron.

169 La Vue d'une Forêt avec rendez vous de chaffe au bord d'un grand canal,

deſſin coloré fait d'après un Tableau de Hackert.

170 Deux petits Payſages & ruines, par K. Dujardin & B. Breemberg, à l'encre de la Chine.

171 Un Détachement d'Armée mis en fuite, très-ſpirituellement deſſiné, à la plume, par la Belle; Vénus faiſant forger les armes d'Enée, par Rotenhamer, & un Vaſe de fleurs, par Van Huyſum.

172 Quatre très-petits Payſages, au biſtre jaune, par Van Éverdingen, &c.

173 Trois petits Payſages mêlés de fabriques pittoreſques, bâteaux & figures, par Saftleven.

174 Un joli Payſage avec diverſes figures, au biſtre, par Biſchop, d'après C. Poelemburg, & un ſujet de Veſtales, par de Wit.

175 Deux très-jolis Payſages colorés, par Meyer, ornés de figures & animaux divers.

176 Deux autres, par le même, à l'encre de la Chine, dont un Hiver, &c.

177 Deux autres idem, repréſentant l'Entrée d'une Forêt, &c.

178 Quatre petits Payſages & Marines, par différens Maîtres, dont une Forêt colorée, avec figures.

179 Huit charmans petits Payſages colorés, ornés de figures & lointains, par Agricola, leſquels ſeront diviſés.

180 Deux grands Payſages en travers, au

biſtre & colorés, par un jeune Artiſte Hollandois.

181 Trois autres Payſages, dont un par Geſner, dans le ſtyle de Ruyſdael, très-pittoreſquement traités à l'encre de la Chine & au biſtre.

182 Deux Payſages en travers, ornés de figures & animaux à l'encre de la Chine, par Van Roſſum, amateur.

183 Deux, Taureau & Lion, à l'encre de la Chine, par Ridinger.

184 Quatorze petits Sujets en travers, faits pour l'Hiſtoire de la Bible, par Luyken, Picart, &c. au biſtre & à l'encre de la Chine.

185 Six différens Animaux & Fleurs diverſes colorés, par Agricola & Ditch.

186 Sept Feuilles de Tulippes, Fruits, Papillons, &c. ſur velin, ſupérieurement bien colorés, par Aubriet & autres.

187 Dix Sujets & Payſages divers, par Van Huyſum, Waterloo, &c.

188 Dix Académies & Études diverſes, par A. Sacchi, Rubens, &c.

189 Douze Études peintes ſur papier, repréſentant différentes maſcarades Venitiennes, par Subleyras.

190 Douze Payſages pittoreſques, par différens Maîtres Hollandois & François.

191 Quatre Sujets de Chaſſes aux Canards, &c. dans des fonds de Payſages, ſur papier bleu, par Ondry.

[22]

192 Vingt Paysages & sujets Soldatesques, par Parrocel & autres, à la sanguine, &c.

193 Dix-huit autres Paysages & Ruines, par différens Maîtres François, dans le style de de Machy, &c.

194 Sept Feuilles de différentes Études d'Animaux, Insectes, Coquilles, &c. par Huet, &c.

195 Dix grands Sujets de la Fable & de l'Histoire Romaine, par Verdier, lesquels seront divisés.

196 Quatre Dessins, par Eisen, de la Rue, &c. dont Saint Pierre touchant la plaie de Notre Seigneur, Appollon & Daphné, &c.

197 Sept Sujets & Paysages, par différens Maîtres, dont Vertumne & Pomone, par Bloemaert; un Paysage, par P. Bril, &c.

198 Deux Sujets de la Passion de Notre Seigneur, par Bramer, sur papier bleu, réhaussé de blanc.

199 Treize Études de Têtes, Plafonds, Christ, &c. à la plume, par de Wit.

200 Trois Têtes de Caractères, aux crayons rouge & noir, par Dumoutier.

201 La Conversion de Saint Paul, sujet en hauteur d'un bel effet & à l'encre de la Chine, réhaussé de blanc, sur papier jaune, par L. de la Hyre.

202 Six Sujets divers, par de Troy & autres, dont Médée & Jason, au bistre, &c.

203 Treize petites Études de Têtes & Figu-

res drappées, à la sanguine & pierre noire, par Watteau; & de plus, deux Têtes du Cardinal Borghese, par Bouchardon.

204 Sept Etudes d'Académies d'hommes & femmes, à la sanguine & pierre noire, par le Moine.

205 Deux Sujets Pastorals en forme d'éventails, à l'encre de la Chine, par Boucher.

206 Quatre Sujets & Animaux divers, par Oudry, sur papier bleu & blanc, à la pierre noire.

207 La Vue intérieure de la Chapelle de Versailles, où l'on voit Louis XV mettant le cordon bleu à plusieurs Seigneurs qui sont à ses genoux, par Rigaud; & de plus, une Rosiere, par Gravelot, dont on connoît l'estampe, à l'eau-forte par Moreau le jeune.

208 Six petits Paysages & Marines, à la pierre noire & à l'encre de la Chine, par Noël, &c.

209 Quatre Ruines & Paysages colorés, par Pernet, de forme ovale.

210 Don Quichotte recevant la Princesse de Micomicon dans la Montagne Noire, Dessin coloré & d'un grand effet, par Benazech, jeune Artiste Anglois.

211 Un autre grand Dessin coloré, par le même, représentant l'Ange apparoissant à Eve qui se mire dans un Fleuve, sujet tiré du *Paradis perdu* de Milton.

212 Trois autres Sujets, par le même,

dont une Bacchante colorée; &c.
213 Deux grands Deſſins colorés, de forme ronde, repréſentant Céladon & Amélie, & une Bacchanale, par le même.
214 Le Retour à la Vertu, ſujet intéreſſant, tiré d'un Roman Anglois, fait à l'encre de la Chine, par le même Benazech, avec beaucoup d'intelligence.
215 Deux petits Sujets de l'Hiſtoire d'Angleterre, d'un effet piquant, à l'encre de la Chine, par le même; & de plus, un Payſage à la plume, par le Campagnole.
216 Un Porte-feuille de différens deſſins qui ſeront diviſés.
217 Un autre Porte-feuille contenant divers Deſſins & Eſtampes qui ſeront pareillement diviſés.

ADDITION.

De cent cinquante Eſtampes encadrées, toutes épreuves avant la lettre & bien conſervées.

218 Deux, la Mere bien Aimée & la Dame Charitable, d'après M. Greuze.
219 Deux; la Malédiction Paternelle, & la Belle-mere, d'après le même.
220 Deux; le Fils Puni & le Gâteau des Rois, *idem*.
221 Minerve écartant le Dieu de la Guerre,

d'après Rubens, par M. Henriquez.
222 Les Modeles d'après le Prince, par de Longueil.
223 Les Couseuses d'après le Guide, par Beauvarlet.
224 Le Verrou, par Blot, d'après M. Fragonard.
225 L'Armoire, d'après le même, gravée à l'eau-forte, très-spirituellement.
226 Deux ; la Bonne Mere & le Serment d'Amour, d'après le même, par Delaunay & Mathieu.
227 Le Coucher d'après Vanloo, par Porporati.
228 Deux ; Charles premier à côté de son cheval, & son pendant, d'après Van Dyck, par Strange.
229 Deux sujets de Tancrede & Erminie, d'après Vanloo, par Porporati.
230 Trois, Pigmalion, le Triomphe de la Peinture, &c. d'après M. Lagrenée, par Dennel, &c.
231 Mars & Vénus, & pendant, par Ransonette.
232 La Dévideuse, par M. Wille, d'après G. Dow.
233 La Tricotteuse, par le même.
234 L'Instruction Paternelle, *idem*.
235 Les Heures du jour, d'après Baudouin, par de Ghendt.
236 Deux ; le Philosophe du tems passé & la Bonne Femme de Normandie, par Wille.
237 Quatre Pieces, dont la Petite Thérese,

les Sabots, Réflexion Bachique, &c.

238 Trois; le Chiffre d'Amour, la Fuite à dessein, & Ah s'il s'éveilloit.

239 Trois; la Sentinelle en défaut, les Nymphes Scrupuleuses & la Balançoire.

240 Adam & Eve, composé & gravé en maniere noire, par M. Bounieu.

241 Deux, d'après Greuze; le Malheur Imprévu & la premiere leçon de l'Amour, par Delaunay le jeune, &c.

242 Deux; l'Escarpolette, & Angélique & Médor, par Delaunay l'aîné.

243 Trois Pieces, le Tendre Desir, & la Fille Grondée, d'après Greuze, la Coquette fixée, par Couché.

244 Sept Sujets divers, par Delaunay, dont les Beignets & pendant, d'après Fragonard; le Bonheur du Ménage, &c. &c.

245 Huit autres Sujets divers, par de S. Aubin, & autres d'après Lavreince, &c. dont l'Amour à l'Espagnol, le Petit Jour, la Soubrette Confidente, le Restaurant, le Billet Doux, la Vertu Chancelante, par Massard, d'après Greuze, &c.

246 La Chasse Royale, par le Bas, d'après Van de Velde.

247 Douze petits Sujets & Têtes différentes, d'après Greuze, par le Tellier.

248 Quatre Têtes de jeunes filles & jeunes garçons, &c. par Dennel.

249 Six Têtes de différens caracteres de

Passions ; par Voyés, d'après le Brun ; la Douleur, le Defir, &c.

250 Deux Sujets d'après Rubens, par Avril ; Mars va à la guerre, & pendant.

251 Deux ; le Silence & l'Enfant Gâté, d'après Greuze.

252 Deux ; les Soins & Délices Maternels, par Wille.

253 La Chûte du cheval de deſſus un pont; gravée à Londres.

254 Six Sujets divers, d'après de Bucourt, Enlevement d'Europe, la Cruche Caſſée, les Soins Tardifs, &c.

255 Deux ; la Fille à Simonette & pendant, par Maillet, d'après Cottibert.

256 Six autres Sujets ; l'Amour Empreſſé, par Vangeliſti, la Mort de Wolfe en petit, par Guttenberg, &c.

257 Quatre autres Pieces, dont l'Éducation de l'Amour, d'après M. Lagrenée, le Meſſager Fidel, &c.

258 Deux Revues du Roi de Pruſſe & du Prince Henri.

259 Trois Pieces ; la Cabaret Flamand, par de Longueil, l'Offrande à l'Amour, par Macret, & la Laitiere, par le Vaſſeur, d'après Greuze.

260 Deux, La Cruche Caſſée & la Vertu Chancelante, d'après le même.

261 Deux ; le Croc en Jambes, d'après Rubens, & Tarquin & Lucrece, d'après de Peters.

262 Un Corps-de-Garde, par Malœuvre.
263 La grande Chasse au Cerf, par Aliamet, d'après Berghem.
264 La Partie de Plaisir, par Delaunay l'ainé.
265 Le Retour du Laboureur, par Ingouf.
266 La Double Récompense, par Avril, la Récréation Espagnole, par le même, d'après Vanloo.
267 Quatre Sujets de l'Histoire d'Esther, par Beauvarlet, d'après de Troy.
268 La Demande Acceptée, par Bervic, d'après Lépicié.
269 Quatre, Morts d'Epaminondas & du Chevalier Bayard, en maniere noire, gravés à Londres, & deux autres sujets.
270 Cinq Portraits divers, dont ceux de l'Empereur, M. le Noir, Helvétius, &c.
271 Plusieurs Estampes encadrées, avant la lettre, qui seront divisées.

ESTAMPES EN FEUILLES.

272 Deux; Charles premier & son pendant, par Strange, d'après Van Dyck.
273 Deux; Cléopâtre & la Fortune, par le même.
274 Deux; Dame Bienfaisante & Fils Puni, d'après Greuze.
275 Deux; Clorinde & Erminie, par Porporati, avant la lettre.

276 Les Coufeufes, d'après le Guide, par Beauvarlet, avant la lettre.
277 Deux Sujets en hauteur, en maniere noire, Bayard & Epaminondas.
278 La Famille de Rubens en pieds, en maniere noire, par Mac-Ardell.
276 Deux Sujets en maniere noire, par Smith ; des Enfans faifant l'aumône.
280 Quatre Sujets ovals en rouge, la Patience & la Perfévérance, &c.
281 Six Sujets de la Danfe des Nègres, gravés à Londres.

FIN.

Lu & approuvé ce 10 Avril 1787.
COCHIN.

De l'Imprimerie de PRAULT, Imprimeur du Roi, Quai des Auguftins.

www.ingramcontent.com/pod-product-compliance
Lightning Source LLC
Chambersburg PA
CBHW030108230526
45471CB00003B/1312